DISCOURS

PRONONCÉ

PAR M^E DESMAREST

PARIS. — IMP. DE V. GOUPY, RUE GARANCIÈRE, 5.

BARREAU DE PARIS

DISCOURS

PRONONCÉ PAR

M^E DESMAREST

BATONNIER DE L'ORDRE DES AVOCATS,

A L'OUVERTURE DE LA CONFÉRENCE

le 16 décembre 1865

IMPRIMÉ AUX FRAIS DE L'ORDRE

PARIS

IMPRIMERIE DE VICTOR GOUPY,

Rue Garancière, 5.

1865

DISCOURS

PRONONCÉ

PAR M^E DESMAREST

L'ouverture de la Conférence a eu lieu le 16 décembre 1865.

A deux heures, Me Desmarest, bâtonnier de l'Ordre, assisté de MM. Crémieux, Lacan, Rousse, Bélotaud et Arago, membres du conseil de l'Ordre, a déclaré la séance ouverte.

En décernant le prix Liouville à MM. Lepot et Demange, il a rappelé les liens d'affection et de confraternité particulière qui l'unissaient à son éminent prédécesseur, et il a fait allusion à la présence, dans la salle, de Me Albert Liouville, fils de l'ancien Bâtonnier.

M. le Bâtonnier s'est ensuite exprimé en ces termes :

Mes chers confrères,

L'heure qui nous réunit une fois encore pour la reprise de nos travaux nous avertit du mouvement rapide des années. Pour les plus jeunes d'entre vous, cette mobilité de la vie est une cause d'espérances; pour vos anciens, elle est un sujet de graves réflexions. A votre âge, il semble qu'on ait devant soi un nombre indéterminé de jours. Au nôtre, on commence à jeter un regard empreint d'une sorte de mélancolie sur le chemin qu'on a déjà parcouru, et l'on songe que la durée de la vie se limite en s'accumulant. Le temps a été comparé à un péristyle avec deux portes, l'une qui s'ouvre sur l'avenir, et l'autre qui se ferme sur le passé. Vous arrivez par la première. C'est pour moi un grand bonheur de vous souhaiter la bienvenue à vos débuts dans la carrière.

Hâtez-vous de jouir de ce moment, car il est bien court. Entre les souvenirs des premières impressions de la jeunesse si rapidement envolées, et les promesses de l'âge mûr, il est une heure solennelle entre toutes, puisqu'elle décide souvent du sort de la vie. C'est l'heure à laquelle vous êtes parvenus. Vous entrez dans la lice et vous accomplissez aujourd'hui votre premier acte professionnel. Sur le seuil même de ce palais, où beaucoup d'entre vous sont destinés à vivre; dans cette bibliothèque, calme séjour de nos études, vos Anciens sont là pour vous accueillir et pour vous tendre une main confraternelle. Vous trouverez en eux des guides et des appuis, des cœurs bienveillants et dévoués. La douce familiarité de nos rapports viendra joindre son charme à celui des affections que jusqu'à présent vous avez rencontrées dans le monde. Déjà vous avez pu vérifier par vous-même l'application constante d'une des lois qui président à notre destinée. L'homme n'est point destiné à vivre seul. Du berceau jusqu'à la tombe, il ne cesse pas d'être en relation avec ses semblables. La sociabilité est la plus haute expression de l'existence, comme elle est la condition de tout effort destiné à triompher des résistances de la nature! C'est par notre contact avec le reste de l'humanité que nous prenons véritablement conscience de notre force. L'homme isolé est un rêve de la philosophie ou une exception malheureuse de la fatalité ou de l'orgueil. Enfants, nous avons des parents ou des amis, qui prennent soin de nous; jeunes, nous trouvons des condisciples sur les bancs des Écoles; hommes faits, nous rencontrons dans chaque carrière des collègues, des camarades ou des confrères.

Soldats nouvellement enrôlés dans la milice judiciaire, vous venez grossir nos rangs. Vous nous donnez beaucoup, puisque vous nous apportez la jeunesse et l'avenir. Mais le barreau, permettez-moi de vous le faire remarquer, vous donne beaucoup aussi : il vous donne la tradition ; il vous donne l'instrument du travail, et vous permet de remplir à votre tour cette grande tâche du labeur qui est le pain quotidien de la vie. Vous êtes Avocats : par cela seul que vous en possédez le titre, vous avez le droit comme nous de revendiquer pour vos Ancêtres ces grands jurisconsultes qui ont rempli de leur gloire notre histoire professionnelle, et vous avez pour devoir, dans la mesure de vos forces, de chercher à vous inspirer de leurs exemples. En vous attachant au Barreau de Paris, vous avez par cela même contracté l'engagement d'étudier ses règles et de vous conformer à la discipline qu'il s'est imposée. Si vous nous restez fidèles, la profession vous demandera de longs et persévérants efforts. C'est pour elle que semble avoir été inventée la formule, que l'avenir appartient aux entêtés ! La profession ne créera pas à votre profit des chances de grande fortune, surtout de grande fortune immédiate. Mais il est bien rare qu'elle n'indemnise pas, dans une proportion de nature à satisfaire des goûts modérés, ceux qui se dévouent à elle. Dans tous les cas, vous lui devrez un bien inappréciable, et que, pour ma part, je place au-dessus de tous les avantages sociaux, l'indépendance personnelle. Si vous nous quittez un jour, au moins aurez-vous trouvé dans le Barreau des inspirations salutaires, des amitiés sûres, et la puissance d'un titre que vous apprécierez encore après l'avoir perdu. Ces considérations, qui naissent naturellement de votre présence dans cette salle, me placent directement en face du sujet que je veux traiter devant vous. Ce sujet, c'est notre profession elle-même. L'année dernière, dans mon allocution à vos devanciers, je m'étais attaché à retrouver dans la philosophie et dans l'histoire le caractère de notre mission, et la suivant à travers les âges, je l'avais montrée reflétant tous les éléments de l'activité sociale, reproduisant les mœurs, les idées, les aspirations, les souvenirs de chaque époque. Je m'étais arrêté sur le seuil de la vie moderne, me contentant, à ce point de vue, d'effleurer mon sujet. Je vais reprendre mon entretien avec vous au point précis où je l'avais laissé.

Si je parle de notre profession avec enthousiasme, vous n'en serez ni surpris ni fâchés. Cette profession, nous devons tous l'aimer; vous, par les espérances que vous fondez sur elle; nous, par reconnaissance pour le bien qu'elle nous a fait. Dans quelle enceinte aurait-on plus que dans celle-ci, le droit de célébrer ses louanges, d'affirmer ses devoirs, d'apprécier ses droits, d'énumérer ses jouissances ou de constater son utilité? Que personne ne soit tenté de nous accuser d'exagérer l'optimisme professionnel. Nous ne défendons pas aux hommes engagés dans d'autres carrières de suivre notre exemple, et de priser aussi haut qu'ils le voudront les avantages de leurs diverses vocations. Qu'on vienne, en notre présence, présenter le panégyrique des sciences, des arts, des lettres, de la magistrature, de l'armée, du sacerdoce, personne de nous ne sera tenté de s'inscrire en faux. Chacun de nous dira comme le poëte : *Non equidem invideo, miror magis!* Notre amour pour notre famille professionnelle ne nous rend pas exclusifs, et nous ne serons jamais tentés d'oublier que nous faisons partie de la grande famille qui s'appelle la société française, de la famille universelle qu'on appelle l'humanité.

Nous sommes une Association libre bien que réglée par les lois. A une époque où tant d'associations cherchent à se former, et rencontrent des difficultés qu'elles surmonteront, je l'espère, il est beau d'être en possession du but, qu'ailleurs on en est encore à poursuivre. Vous savez qu'elle a été dans le monde la fortune de cette idée d'association. Ce serait un lieu commun de dire qu'on en retrouve partout la trace, puisque l'histoire des associations n'est que l'histoire de l'humanité elle-même. Ne parlons donc, si vous le voulez, que de la société française. Constater que pendant plusieurs siècles l'Association s'est appelée Corporation, c'est reconnaître qu'on avait emprisonné une idée juste dans un moule trop étroit. On avait mêlé l'idée d'association, qui est libérale et féconde, avec l'idée de privilège, qui est rétrograde et stérile. Cet accouplement ne pouvait durer. La Révolution française a brisé le moule, mais elle a laissé envoler l'idée. Nos pères ont peut-être un peu trop oublié qu'on ne détruit que ce qu'on remplace, et que lorsqu'on a eu l'avantage de terrasser son en-

nemi, ce qu'on a de mieux à faire, c'est de lui prendre ses propres armes, pour les tourner contre lui, s'il était jamais tenté de
se relever. Notre temps est en train de réparer cette grande la-
cune. Notre institution peut lui fournir un type de reconstruc-
tion. Pourquoi le Barreau a-t-il échappé à l'arrêt de condam-
nation, qui a frappé l'ancien régime tout entier? Parce que le
Barreau n'était pas une Corporation ; parce qu'aucun monopole
ne réservait à quelques-uns un privilége au préjudice des droits
de tous. On nous appelait un Ordre, et la dignité de ce titre
n'était pas seulement un hommage rendu au caractère élevé de
nos occupations : il était aussi une sorte de consécration du libéralisme qui avait présidé à notre institution. La tourmente révo-
lutionnaire nous a emportés ; mais ce court interrègne n'a servi
qu'à démontrer, en ce qui nous concerne, qu'il n'y a rien de plus
dangereux qu'un principe poussé à ses dernières limites, et que
la licence est la plus grande ennemie de la liberté. Nous nous
sommes trouvés, le lendemain de la révolution, à peu près ce que
nous étions la veille. Ordre, nous avions vécu ; Ordre, nous
sommes encore. Notre porte est ouverte. Entre qui veut dans nos
rangs. Sort qui veut de nos rangs. Hors les cas d'indignité, dans
notre milice judiciaire, les enrôlements et les démissions sont
volontaires. Aucun esprit sage ne considérera comme un signe
de privilége les conditions d'aptitude scientifique qui sont im-
posées à l'entrée de la carrière. Dans les sociétés les plus égali-
taires, il y a toujours avantage à élever le niveau ; ne rien donner
à la naissance et au hasard, mais accorder une prime au mérite,
n'est-ce pas la véritable égalité?

Notre époque est trop agitée par les problèmes, dont elle
cherche la solution, pour ne point s'interroger elle-même dans les
éléments qui la composent. Rien ne peut donc nous assurer que,
dans quelque grande époque de crise ou de remaniement social,
nous ne serons pas discutés à notre tour ; qu'importe? Nous
n'avons pas à redouter la discussion, d'abord parce que de la part
d'avocats dont la profession est de discuter, rien ne serait plus ri-
dicule, et en second lieu, nous pouvons le dire avec un légitime

orgueil, parce que notre institution, fille du temps et de l'expérience, est assez forte pour supporter les regards de la critique. Dans ces derniers temps, quelques voix isolées ont parlé de privilége, à propos de notre organisation professionnelle. On s'est trompé. Nous n'avons pas de privilége, nous avons une discipline.

Toute association compose un être moral. Or, tout être moral a le droit de se proposer un idéal élevé, d'exalter ses principes jusqu'à ces délicatesses particulières qui constituent l'honneur professionnel. Les hommes qui appartiennent à une profession ont incontestablement le droit de s'imposer certaines restrictions, de s'interdire certains pactes qui, légitimes aux yeux de la morale ordinaire, seraient en désaccord avec le caractère spécial de la profession, avec les scrupules qu'elle commande, en raison de la confiance dont ses membres sont investis. C'est en ce sens que doit être entendu le principe posé, dans une récente décision du conseil. « S'il est une profession qui a besoin de se conserver pure de tout mélange et de résister aux entraînements de tous genres, au milieu desquels elle s'exerce, c'est la profession d'avocat. Instituée pour aider à l'administration de la justice et pour la défense de tous les droits, elle ne peut accomplir son œuvre, conserver la confiance et le respect du public, qu'à la condition de se renfermer dans ce qui est de son domaine. » De quel droit nous envierait-on ces sévérités de la conscience, qui sont une forme de sacrifice, une consécration du dévoûment à une idée? Est-ce que le militaire, le magistrat, le médecin, l'artiste, le prêtre n'ont pas eux aussi une religion particulière du devoir? Que ceux qui seraient tentés d'accuser ces scrupules d'un rigorisme exagéré et qui voudraient faire redescendre toutes les susceptibilités professionnelles au niveau de la délicatesse ordinaire, songent à la force morale que ce culte particulier d'un idéal d'honneur donne à chaque profession, et ils comprendront que, pour en avoir les honneurs, il faut en avoir les charges.

Cet engagement mutuel d'élever sa vie à la hauteur de sa mission, a pour sanction l'institution d'un conseil de discipline, qui place la conscience de chacun sous le contrôle de la conscience de tous. Mais cette institution serait le plus insupportable des despotismes, si le principe de sa formation ne résidait pas dans le suffrage universel du Barreau, seul moyen de donner à la juridiction disciplinaire un caractère d'arbitrage librement accepté, et d'établir par l'accessibilité de tous à ces fonctions la réciprocité indispensable entre les juges et les justiciables.

Reconnaissez, mes chers confrères, à ces traits que je viens de vous rappeler, quelques-uns des caractères qui ont placé dans le monde notre profession à un rang sur lequel je n'ai pas besoin d'insister devant vous, puisque vous l'avez choisie de préférence à toutes les autres. J'avoue que j'ai toujours éprouvé une grande joie, lorsque voyageant à l'étranger, dans les pays qui environnent la France, j'ai trouvé partout les marques de la sympathie et de l'estime acquises au Barreau français. C'est surtout dans ces réunions, dont l'usage tend à se généraliser, où les peuples rivaux échangent entre eux leurs idées et le tribut de leur expérience, que vous verrez partout éclater ce sentiment si honorable pour nous. J'ai vu nos règles curieusement recherchées, hautement approuvées, quand elles étaient connues, par des membres distingués de ce grand Barreau d'Angleterre, qui compte, lui aussi, tant de nobles souvenirs et tant de grandes illustrations.

Sans sortir de notre pays, laissez-moi vous rappeler les rapports intimes qui unissent le Barreau de Paris avec les Barreaux de province. Lorsqu'une question délicate de discipline se présente, lorsqu'un des droits de notre profession est contesté, nos confrères de province s'adressent volontiers à nous pour nous demander ou des conseils, ou un appui que nous sommes toujours heureux de leur donner. Ainsi s'affirment les droits, les priviléges moraux de la grande famille à laquelle nous appartenons. La facilité des communications, en permettant d'appeler nos plus illustres confrères sur tous les points de la France, multiplie les relations affectueuses entre tous les avocats de notre chère patrie, et solidarise la gloire attachée à l'art toujours si puissant de la parole. Vous vérifierez un jour à votre tour que rien n'égale le charme de ces réunions, dont l'occasion naît tout naturellement le soir, après l'audience, des contacts qui se sont établis dans la journée à l'occasion du procès, et créent comme une sorte de franc-maçonnerie professionnelle, passe-port obligeant pour une réception cordiale. Ces bonnes dispositions des Barreaux de province à notre égard doivent amener de notre part un échange de procédés affectueux, quand des confrères, étrangers à notre barre, viennent à leur tour nous demander l'hospitalité. Tel qui n'en fut que l'hôte, s'y attache définitivement. C'est ce qui était arrivé à Desèze, qui depuis nous a quittés pour retourner à Bordeaux où nos regrets l'ont suivi. Le Barreau a montré par la désignation de son successeur, notre excellent confrère Victor Lefranc, que pour le choix de ses dignitaires il se préoccupe du mérite bien plus que du certificat d'origine.

Les avantages qui naissent pour nous du mécanisme de notre institution ne sont pas les premiers à mes yeux. Je mets beaucoup au-dessus ceux qui naissent de l'esprit qui lui est propre. Vous êtes jeunes, il est impossible que vous n'aimiez pas le progrès et la liberté. Vous trouverez dans notre profession des occasions de satisfaire ces deux passions, les plus nobles et les plus belles assurément que l'âme humaine puisse concevoir. L'esprit juridique c'est, avant tout, l'esprit d'examen ; or, l'histoire prouve que c'est cet esprit qui a eu raison de tous les abus de l'ancien régime. L'étude de la loi, le maniement des passions, l'effort pour concilier l'équité et le droit, quoi de plus propre, avec l'étude des grands modèles de la littérature de tous les temps, à entretenir l'esprit de liberté. Comment ne serions-nous pas naturellement inclinés à appliquer les idées de progrès? Notre vie n'est-elle pas comme une enquête perpétuelle ? Est-il possible d'appliquer les lois sans être tenté de les améliorer ? Sans cesse en contact avec le public, toujours forcés de nous tenir au courant de la science juridique, sans cesse tenus en éveil par l'activité même des affaires, tous les jours sur la brèche avec une œuvre quotidienne à remplir, comment le vrai sens de la vie ne nous apparaîtrait-il pas?

Or le vrai sens de la vie, c'est le progrès. La découverte de la loi historique et philosophique du progrès, c'est là le grand caractère des temps modernes, c'est là la découverte par excellence, celle qui efface toutes les merveilles si nombreuses pourtant de nos jours, des sciences positives appliquées à la transformation matérielle de notre globe.

La loi du progrès est à la fois morale et intellectuelle. Elle concilie, dans une juste mesure, la liberté de l'homme et la Providence de Dieu. Elle se place, comme la vérité même, entre trois termes absolus, qui contiennent chacun la plus dangereuse des erreurs. Le fatalisme d'une part, le fatalisme qui considère l'homme comme le jouet et l'instrument d'un aveugle hasard. Hypothèse horrible, car l'humanité ne serait plus qu'un rêve insensé, errant entre les deux abîmes de l'éternité. En second lieu, le système de la prédestination absolue qui, tout en admettant une Providence bonne et sage, ne laisse plus rien à la liberté de l'homme, et le courbant en religion sous la doctrine énervante de la grâce, lui enlève toute spontanéité, tout mérite, toute initiative. En troisième lieu enfin, le délire de l'individualisme, qui fait de l'homme un Dieu, le sépare par cela même de l'humanité, pour le renfermer dans un égoïsme solitaire et farouche. Vous avez entendu le singulier évangile proclamé dans un congrès récent. « La guerre est déclarée entre l'homme et Dieu. » Les auteurs de cette superbe proposition n'ont pas réfléchi à deux choses, la première c'est qu'ils faisaient, sans le vouloir, un acte de foi. Car si la guerre est déclarée entre l'homme et Dieu, c'est que Dieu existe. La seconde, c'est que Dieu admis, si l'homme entre en lutte avec Dieu, l'homme sera inévitablement battu. Ne nous effrayons pas outre mesure de ces jactances de l'orgueil humain. Elles ont existé de tous les temps. Elles ne sont qu'une conséquence d'une fausse idée de la liberté. On oublie que la liberté est à la fois absolue et relative. La liberté est absolue en face de tel ou tel acte déterminé. C'est là, je le sais, la gloire de l'homme, sa grandeur et son péril tout à la fois. L'homme est libre. Il peut faire le bien ou le mal. Il peut glorifier sa vie ou la souiller. Il peut illustrer sa mort ou la déshonorer. Il peut violer, de la manière la plus horrible, le sentiment dont Dieu a déposé le germe dans son cœur. Il peut sauver son enfant, au péril de sa vie, comme il peut en être le meurtrier. Il peut trahir sa patrie comme il peut mourir pour elle. Dans le domaine de ses actes individuels, encore une fois sa liberté est absolue. Mais sa liberté n'est pas absolue vis-à-vis des lois générales qui viennent de la Création, c'est-à-dire de la Providence, c'est-à-dire de Dieu, c'est-à-dire de la loi générale des êtres. Le nom ne m'importe pas, ce qui m'importe, c'est la chose. Ce qui m'importe, c'est la vérité ! Or, la vérité, dont l'humanité tout entière a conscience, c'est qu'il y a un absolu en dehors de l'homme, et que l'homme lui-même n'est pas l'absolu. Vous me demanderez où sont les limites de sa liberté. Hélas ! demandez-moi plutôt où elles ne sont pas ? La liberté de l'homme est limitée par la fragilité de sa raison. L'homme est libre de dire que deux et deux font cinq, mais quand il le répète trop souvent, on a le droit et le devoir de le mettre à Charenton. La liberté de l'homme est limitée par la diversité des intelligences humaines, qui n'est elle-même qu'une condition retournée de la liberté. Elle est limitée enfin par l'obscurité des problèmes que Dieu lui donne à résoudre. S'il est des axiomes de morale incontestables, il est dans la morale sociale des questions douteuses et des points réservés. Ouvrez les annales de l'histoire, vous verrez qu'en face de certains actes, la gloire chancelle, et la postérité elle-même hésite entre le blâme et l'admiration. La vérité étant une, quand deux opinions sont centradictoires, l'une des deux est nécessairement erronée, et cependant vous verrez que nous admettons tous les jours, dans nos conférences, que la bonne foi peut être des deux côtés de la question débattue. L'homme est libre, mais ses passions l'entraînent. La violence de ces passions, don fatal de la naissance ou de la race, peut-elle être invoquée, non pas sans doute comme une excuse absolue, mais comme une atténuation du crime qui a été commis, de l'égarement auquel le coupable s'est laissé entraîner ? Nous le plaidons tous les jours aux assises. Est-ce donc une comédie que nous jouons ? Avons-nous une vérité sur les lèvres, une autre dans le cœur ? Serions-nous comme les augures et ne pourrions-nous nous regarder sans rire ? Ne le croyez pas, mes chers confrères ; la théorie que nous plaidons dans les affaires criminelles est la théorie vraie, la théorie humaine, la seule conforme à la notion du vrai progrès et de la vraie liberté.

L'homme est libre. Mais quand il fait le mal, il ne dépend pas de lui d'empêcher que le mal qu'il a fait serve au bien général. L'homme est libre, mais quand il a rempli son devoir, il ne dépendrait pas de lui, par un retour offensif de l'égoïsme ou de l'orgueil, de stériliser sa bonne action, et d'empêcher qu'elle ne serve au bien général.

Quelle est la conséquence à tirer de ces prémisses ? L'homme n'est pas l'ennemi de Dieu, il en est le collaborateur. L'homme est libre, mais par un accord mystérieux, que notre raison pressent plus qu'elle ne pourrait l'analyser, la loi de progrès s'impose à notre liberté ! Ce qu'une bouche éloquente disait dernièrement d'un homme, on peut le dire à plus forte raison de l'humanité. L'humanité est un prisme : appelez comme vous voudrez les rayons qui passent au travers, Dieu, nature, loi, nul ne peut empêcher les rayons de pénétrer. Les rayons, ce sont la lumière, le progrès, la liberté !

L'antiquité n'a connu qu'imparfaitement la loi du progrès. Elle avait à un haut degré l'amour du beau, du vrai, du bien, qu'elle a exprimé par les révélations de ses grands philosophes et de ses admirables génies, mieux qu'il ne l'a jamais été depuis. Mais le sens historique du progrès lui avait échappé.

D'où nous est venue cette révélation ? Elle nous est venue d'où nous vient toute chose, de l'inspiration humaine travaillant sous le regard de Dieu. Cette idée, qui est le verbe même de l'humanité, elle nous est venue de tous et de chacun. Elle nous est venue des poëtes et des artistes, des jurisconsultes et des historiens. Chaque pays lui a donné son cachet, l'Italie son intuition pénétrante, l'Allemagne ses recherches patientes et ses larges généralisations, la France, la netteté de ses formules et l'intensité de son action.

Comme le progrès est un fruit des civilisations avancées, il ne saurait dans tous les cas être pris pour la mesure du génie. Il y a de très-grandes intelligences qui l'ont méconnu, ou incomplétement compris ; par contre, des esprits moins élevés l'ont puissamment servi. C'est une question de date.

Quand la notion du progrès s'allie au génie, elle lui donne des ailes et lui révèle des horizons sublimes. Elle a été surtout comprise par les natures tendres, ou les intelligences à conceptions harmoniques, Vico, Niebuhr, Boulanger, Condorcet, Michelet et tant d'autres. Pascal en a donné une admirable définition quand il a comparé l'humanité à un homme qui vivrait toujours et qui apprendrait constamment. Montesquieu et Voltaire, qui l'ont admirablement servie, n'en avaient pas cependant sondé toute la profondeur, au point de vue du développement de la loi historique.

Aujourd'hui, l'idée de progrès est incarnée dans la société moderne, elle est impérissable.

Le monde juridique est essentiellement son domaine. Elle y trouve les éléments les plus propres à la propager.

L'absence de prévention, l'esprit d'analyse, l'art de distinguer les espèces et les catégories, de dégager les questions, de classifier les arguments, n'est-ce pas la condition du progrès ? N'est-ce pas la règle de nos études. Le monde, est un grand procès, dont l'histoire est le dossier et dont l'expérience est le juge.

Le progrès, c'est l'application de la justice. Arrêtons-nous un instant, mes chers confrères, sur cette belle idée de la justice, dont vous aspirez à devenir les champions. La justice, psychologiquement, c'est la faculté essentielle de notre âme. Socialement c'est la première, et ce pourrait être la seule des institutions protectrices de l'ordre et de la liberté d'un pays. Ce qui est certain, c'est que dans tous les pays où les institutions judiciaires sont bonnes, la liberté est assurée, que partout où elles pèchent par quelque endroit, la liberté est compromise. C'est en ce sens qu'à cette place, l'année dernière, je parlais de l'unité du monde judiciaire, et des rapports du barreau avec la magistrature. Sans me constituer d'une façon absolue l'apologiste des anciens parlements justement brisés par la Révolution, j'empruntais à leurs souvenirs les grands exemples d'indépendance, qu'il est toujours bon de mettre au jour. Dans ces rapprochements, je ne cherchais nullement l'occasion d'une flatterie à la magistrature moderne, flatterie également indigne d'elle et de nous, précisément à cause de ces rapports affectueux et sympathiques, que nous avons tous les jours avec les magistrats. Ce que je cherchais, m'élevant comme on doit toujours le faire, dans des enceintes comme celle-ci, au-dessus de la politique du jour et de l'allusion contemporaine, dans les généralités de la philosophie et de l'histoire, ce que je cherchais, c'était l'occasion de proclamer un grand axiome de droit public. Ma pensée, au surplus, a été bien comprise, comme j'ai pu le constater avec plaisir par une allusion faite dans une autre enceinte à mes paroles, allusion empreinte d'un sentiment amical dont je saisis l'occasion de remercier l'auteur.

Ce que je voulais dire et ce que je répète, c'est qu'on doit désirer à son pays une magistrature indépendante, indépendante par le caractère de ses membres, indépendante par la loi de son institution. Ce que j'ai entendu dire et ce que je répète, c'est qu'on doit désirer à son pays un Barreau libre et digne de la liberté : or, la meilleure manière d'user de la liberté, l'exemple de tous les peuples qui ont su se préserver de l'arbitraire l'atteste, c'est d'user de la liberté avec modération.

Continuons, mes chers confrères, à nous appesantir sur cette belle idée de la justice. Historiquement, elle est la sanction de la conscience humaine. Quel est le cri de l'humanité tout entière ? Qu'ont demandé tous les malheureux, tous les proscrits ? qu'ont demandé tous ceux qui ont souffert de l'inégalité et de la persécution ? Ils ont demandé justice.

Justice ! elle est tellement une nécessité sociale, que le plus beau titre qui ait pu être décerné aux princes, a été le titre de rois justiciers ?

Justice ! elle est de tous les temps, elle s'impose à tous les âges. Dieu en a déposé le germe dans toutes les consciences. Vous la retrouverez plus ou moins développée dans toutes les civilisations. Ceux même qui la trahissent ou qui la mutilent lui rendent

hommage en usurpant son nom ; mais par cela même qu'ils l'u-
surpent, ils le prostituent.

Justice ! elle est tellement inhérente à l'idée de progrès, que de
nos jours les Ecoles philosophiques qui se proclament les plus
avancées ont pris la justice pour symbole, et qu'elles ont la prétention d'en faire le pivot unique de la morale et de la politique.
Conception trop absolue pour être jamais réalisable ! La justice est beaucoup, sans doute. Ce n'est pas nous avocats, nous
jurisconsultes, qui pourrions le nier. Ne sommes-nous pas en
possession de cette belle formule dont notre vie entière devrait
être l'application : *Jus suum cuique tribuere?* Mais la justice n'est
pas tout. A côté d'elle, je ne dis pas au-dessus d'elle, il y a
'amour. Je ne parle pas de celui qui trouble les cœurs ou égare
les sens, je parle de cet amour élevé, désintéressé, sublime, qui
est la source de tous les nobles sentiments.

La justice, quelque belle qu'elle soit, quelque pure qu'elle soit,
quelque admirable qu'elle soit, ne suffit pas à remplir nos âmes.
Il y a quelque chose en dehors d'elle de doux et de tendre qui
n'est point satisfait par elle. Il y a le pardon, il y a l'indulgence.
Quand la justice a rendu ses arrêts, tout n'est pas fini. Le rôle de
la pitié commence. Comment méconnaître cette puissance de la
pitié qui a dévissé plus d'armures que la force et le fer n'en ont
rompu. L'amour a des noms bien divers : dans l'Église, il s'appelle
la charité ; dans l'idéal, il s'appelle la fraternité humaine ;
dans la famille, il garde son nom et se différencie en suivant
les contours de l'arbre généalogique de la vie, amour paternel, amour filial, amour fraternel ; dans le barreau, ce sentiment s'appelle la confraternité. Partout il s'appelle le dévoûment. Il joue dans le monde un rôle trop important pour être
impunément oublié par la politique ou dédaigné par la philosophie. Il a combattu pour la justice en rendant les victimes plus
fortes que les bourreaux. Il sauverait, si cela était possible, les
religions de l'intolérance et les philosophies de la sécheresse.

Qu'est-ce qui fait trébucher les tyrannies dans le sang de leurs
ennemis abattus ? La pitié. Qu'est-ce qui renverse les murs des

cachots et des cellules, témoin la prison de la Roquette pour les jeunes enfants détenus ? La pitié. Quel sentiment a baptisé l'idée chrétienne d'une influence morale que l'institut chrétien a eu tort de laisser dégénérer en domination? La pitié pour le sang des martyrs. On a dit : « Il n'y a que les morts qui ne reviennent pas. » C'est une erreur. Il n'y a que les morts qui reviennent, ou plutôt les idées qu'ils représentent. Plus le sacrifice a été doux et volontaire, plus le sang répandu est fécond pour l'humanité. Voyez dans la religion la mort du Christ sur le Calvaire. Voyez dans la philosophie la mort de Socrate en prison. Comment pourrions-nous ignorer au barreau la puissance du sentiment de la pitié, ne devons-nous pas être des consolateurs en même temps que des avocats?

Dans les procès civils, notre mission est de défendre le droit, en sauvegardant des intérêts ; mais dans les procès criminels, notre mission n'est pas seulement de protéger l'innocence, elle est encore de tenter d'adoucir le sort des coupables, par l'application sollicitée et obtenue des circonstances atténuantes. Ce droit, ne l'oubliez pas, c'est l'introduction de l'humanité dans la justice, c'est le gage de la réhabilitation morale du condamné !

Une des conditions les plus agissantes et les plus effectives du progrès, c'est l'initiative individuelle. Quelle carrière est plus propre que la carrière du barreau à développer cette initiative? Parmi nous rien d'officiel, rien de classé, rien d'hiérarchique dans le sens étroit du mot; notre domaine est le domaine de l'égalité. L'avocat qui débute a le même titre que l'avocat parvenu au terme de la carrière. Il n'y a de différence entre eux que celles qu'établissent l'expérience, les qualités morales, intellectuelles, l'amour du travail, le dévoûment à la profession. Chacun de nous est ce qu'il se fait lui-même. *Le Moniteur universel* n'a rien à nous apprendre sur les progrès de notre carrière. L'ancienneté ne crée pas de droits à l'avancement, elle n'est qu'un titre au respect, et elle impose des devoirs plus austères comme une responsabilité plus grande.

Une indépendance absolue est de l'essence de notre carrière.

Notre profession est une profession jalouse, qui veut l'homme tout entier et ne lui pardonne aucune immixtion avec une fonction publique quelconque, en dehors de l'influence toute personnelle attachée à l'exercice de notre profession elle-même. Ne nous plaignons pas de notre lot: L'influence est la forme moderne de l'autorité. Cette règle salutaire nous place comme barreau à côté de la politique, en laissant à chacun de nous le choix personnel de ses tendances et de ses principes. Le barreau ne nous demande pas compte de nos opinions. J'ai entendu plusieurs fois regretter que le barreau ne se mêle pas davantage à la vie officielle. C'est, suivant moi, un regret mal fondé, qui oublie la sagesse de nos traditions à cet égard. Nous ne sollicitons point de place dans les cérémonies, nous restons au milieu du public, dont notre rôle est de revendiquer les droits devant la justice. Nous n'avons pas à choisir entre les princes et les dynasties. Nous ouvrons l'hospitalité de notre tribune, toujours debout, toujours ouverte, aux hommes de tous les régimes, de toutes les nuances, de toutes les dates, de toutes les opinions. Notre drapeau est le drapeau de la liberté générale et du progrès permanent. Quand même nous serions obligés d'avouer qu'il y a une pointe de sauvagerie dans nos mœurs professionnelles, pourquoi nous en défendre et pourquoi le regretter? Notre profession est grave. Si elle a ses joies, elle a ses tristesses et ses responsabilités. Si elle a ses jours de triomphe, elle a ses jours de revers. Nous sommes exposés à voir tomber autour de nous la fortune, la liberté, la vie, plus que cela, l'honneur de nos clients. Tant que la société se croira obligée pour sa défense à maintenir le dernier supplice, nous sommes exposés à la douleur de suivre, par la pensée, dans son expiation suprême, le patient, je ne dirai point dont nous n'aurions pas réussi à faire consacrer l'innocence, car ce serait trop cruel à penser en face d'un châtiment irrémédiable, mais en faveur duquel nous n'aurions pas réussi à faire tempérer les sévérités de la loi.

C'est à ces conditions d'isolement que notre profession peut garder toute sa liberté d'action, qu'elle peut, comme elle l'a toujours fait, offrir aux vaincus des arènes politiques, un champ

d'asile et un refuge contre l'inaction. C'est à ces conditions qu'elle
peut remplacer la vie publique pour ceux que des convictions
absolues empêchent d'entrer dans le mouvement des temps.
Le Palais n'est pas un système, c'est une arène. Ainsi qu'on le
faisait remarquer très-justement il y a quelques jours, la justice
a un rôle social bien plus étendu que le cercle des intérêts
qui se débattent devant elle, au contact des intérêts privés. Les
faits, les idées, les doctrines, les principes, les théories compa-
raissent devant elle. Nous sommes les organes de ces luttes.
Nous éveillons les échos de ces controverses. Souvenons-nous,
quand nous descendons dans la lice, des leçons de l'histoire.
N'abusons jamais de notre mandat. Usons avec mesure de la
liberté qui nous appartient. L'histoire doit nous avoir appris
que le bien marche lentement, que toute révolution appelle une
réaction, que les réformes valent mieux que les violences. Nous
devons à tous le respect de l'obéissance aux lois, parce que mieux
que personne nous devons savoir le moyen de les améliorer. Li-
béraux par principes, nous devons être conservateurs par scrupules de légalité comme par tradition.

Tel est, mes chers confrères, le cercle de la carrière qui s'ouvre
devant vous. Ah! je vous félicite, vous arrivez au bon moment.
Jamais à aucune époque, les éclipses de la liberté n'ont rien pres-
crit contre elle. L'heure est toujours propice à qui est bien résolu
de combattre honnêtement, légalement, pacifiquement pour elle.
La foi au progrès, d'ailleurs, n'est-elle pas exclusive de tout découragement. Où serait le mérite de l'abnégation et du dévoûment si chacun voyait réussir son idée et participait au succès de
cette idée. La destinée de l'homme est de lutter sans cesse pour
un idéal qu'il n'apercevra peut-être pas. Chacun a le droit de ré-
server ses convictions personnelles, mais il ne faut pas refuser
d'apporter sa pierre à l'édifice ou fermer ses yeux à l'évidence. Le
progrès, l'histoire du passé l'atteste, n'a cessé de s'accomplir, sous
les régimes en apparence les plus opposés à son développement.
Qu'est-ce à dire? Faudra-t-il repousser un bien partiel, parce
qu'on ne pourra pas atteindre un bien absolu. Ce n'est pas mon

sentiment. La philosophie à outrance, celle qui attend le remède de l'excès du mal, a toujours été fort contestable. Aujourd'hui, avec les conquêtes que nous avons faites, avec les vérités qui nous sont acquises, cette philosophie n'a plus de raison d'être. J'aurais pu comprendre le découragement aux époques, où l'homme était seul avec sa conscience et sa conception du bien, en face d'un monde oppressif : ou mille tyrannies partielles l'enserraient d'un cercle d'autant plus terrible, qu'il était plus étroit : où la liberté locale des provinces n'avait jamais retenti dans la liberté générale des nations.

Mais après la découverte de l'imprimerie, quand les grandes unités nationales se sont affirmées, quand les douanes intellectuelles qui subsistent encore ont tant de peine à arrêter la pensée aux frontières ; quand la liberté s'est insinuée partout sous tant de formes diverses ; quand, au souvenir des victoires déjà remportées, elle peut joindre l'espérance des victoires qu'elle attend : je comprends qu'elle se plaigne, je comprends qu'elle réclame, je comprends qu'elle fasse valoir ses titres, en attestant la sagesse de sa résignation comme une garantie qu'elle n'abusera pas des extensions auxquelles elle aspire; mais ce que je ne comprends pas, c'est qu'elle désespère d'elle-même.

En vous voyant entrer dans la carrière, je me réjouis de penser que l'avenir est beau pour vous, que vous arrivez sur un théâtre agrandi où s'agiteront les plus redoutables, et les plus intéressants problèmes. Quand vous aurez à interpréter la loi, ce ne sera plus à propos d'un petit statut local, dans les limites étroites d'une bourgade, ce sera une loi rayonnant, dans sa magnifique unité, sur un grand pays. Vous arrivez à une époque où les barrières qui existaient autrefois entre les provinces commencent à s'abaisser entre les nations, où le droit s'étend par l'étude des législations comparées, où la science franchit les espaces en rapprochant les peuples, où le retentissement d'une grande cause, la proclamation d'un principe vrai, le rappel d'une idée généreuse trouvent un écho dans les cœurs, non pas seulement des habitants d'une ville, mais dans les cœurs des citoyens d'un vaste pays, et volontiers, par les mille voix de la presse, dans la conscience de l'humanité tout entière.

J'entends vos objections. Cela peut être vrai, me direz-vous; mais où trouver l'occasion d'obtenir ces beaux résultats dont vous nous parlez? Où est cette grande cause, dans laquelle nous pourrons signaler notre ardeur? Quel est l'avoué qui nous en enverra le dossier? Dans quelle enceinte trouverons-nous l'occasion de proclamer ces vérités suivant vous si contagieuses. Et moi, je vous réponds : Les difficultés qui vous arrêtent, elles se sont présentées sous les pas de tous ceux qui vous ont devancés dans la carrière. Les inquiétudes que vous avez, les meilleurs d'entre eux les ont éprouvées. Et cependant ils ont fait leur chemin, à deux conditions; ils ont fait leur chemin, comme vous êtes sûrs de faire le vôtre, si vous êtes fermement résolus à remplir ces deux conditions. Or, ces deux conditions sont le travail et la probité. Cicéron définissait ainsi l'art oratoire : — l'action, et encore l'action et toujours l'action ; et moi je définis le succès par ces mots : — le travail, et encore le travail et toujours le travail? Sans doute il est des organisations tellement heureuses qu'elles peuvent, dans une certaine mesure, s'en passer, mais l'exception est si rare qu'elle ne fait que confirmer la règle.

La seconde condition est la rigide observation des devoirs professionnels. La science de la vie c'est la science des relations. Vous comprenez que je n'ai pas la prétention de vous donner ici des leçons individuelles de morale. Nous causons en famille, et c'est mon devoir de vous rappeler les saines traditions du Barreau, et de vous avertir des écueils que vous pourrez rencontrer sur votre route. Les relations peuvent être le prix de l'intrigue ou la récompense de la probité, du scrupule, du dévoûment aux intérêts du client. L'intrigue réussit quelquefois, mais elle est exposée à se prendre dans ses propres piéges, et elle est souvent punie par la déconsidération. L'honnêteté peut échouer, mais les mécomptes sont plus rares qu'on ne le pense, et elle est toujours honorée. Entre ces deux voies, quel cœur honnête, quel esprit loyal pourrait hésiter? Je suis sûr à l'avance que votre choix est fait, et que, repoussant toute intrigue, tout calcul, toute relation indigne de votre caractère, suivant ces bonnes inspirations de la jeunesse qui n'égarent jamais, et les enseignements pratiques que vous recevrez de vos Anciens dans nos réunions de colonnes, vous mettrez sous ce rapport de votre côté les meilleures chances de la vie.

Les nominations d'office dans les affaires criminelles, les désignations pour l'assistance judiciaire, la grande conférence, que nous inaugurerons pour vos travaux samedi prochain, les conférences particulières vous offrent des occasions toutes naturelles d'appliquer vos connaissances et d'exercer vos talents. Ne négligez aucune de ces occasions. En tout aspirez à faire très-bien. Dépassez la mesure de la préparation nécessaire ou indispensable. Que chaque affaire soit pour vous l'occasion de recherches complètes et d'un traité fait pour vous-mêmes sur la matière que le dossier vous donnera à étudier. Dix-neuf fois sur vingt, ce travail sera inutile, en ce sens que vous ne trouverez pas, à l'audience, l'occasion d'en faire une application publique à votre cause, trop simple pour être longuement plaidée ! Mais il vous aura toujours servi, puisqu'il aura augmenté la somme de vos connaissances. Dans les conférences vous n'avez pas le même inconvénient à redouter. Là, tous les efforts servent, et le labeur préparatoire est toujours sûr d'obtenir sa récompense. Ne comptez jamais sur l'inspiration du moment. Elle peut vous emporter sur ses ailes, vous entr'ouvrir des points de vue inattendus, vous rappeler à point nommé des souvenirs d'études qui s'encadrent avec l'enchaînement de vos idées, mais elle peut vous faire défaut. L'étude seule ne trompe jamais. Quand on a étudié à fond son sujet, qu'on en a mesuré plusieurs fois les proportions, que resserrant successivement par l'étude le cercle et de ses preuves et de ses moyens, qu'on en a bien pesé la valeur, alors il se fait dans l'esprit une clarté, et on a au cœur une confiance qui vous sauve de bien des malaises oratoires. Si à ces précautions indispensables, comme parachute contre un insuccès, hélas ! trop fréquent, on a ajouté le soin de fixer sur le papier quelques notes sommaires pouvant servir de points de repère, on a fait tout ce qui était nécessaire pour conjurer les fatalités de l'art redoutable de la parole. Si on tombe, on n'a rien à se reprocher. Mais l'homme qui a ce courage, a des chances, quand bien même il tomberait, de se relever. J'ajoute que les longues préparations, bien loin de nuire aux inspirations de l'audience, les provoquent, les font naître, et qu'on a ainsi la double chance de joindre aux résultats de l'étude, les spontanéités de l'improvisation. Beaucoup d'orateurs consommés du Barreau ont dû la perfection de leur langage à ces travaux de leur jeunesse.

C'est par une application intelligente de ces moyens que se sont formés ces deux jeunes talents dont vous allez dans quelques instants entendre retentir la voix dans une enceinte habituée à leurs succès. Par leur exemple, ils vous ont tracé la voie à suivre. Les sujets qu'ils ont traités vous fourniront un nouvel exemple des vastes horizons que nous pouvons embrasser sans sortir du cadre de notre profession. La grande figure de Vergniaud va faire passer sous vos yeux les scènes émouvantes de la révolution, et vous montrer le moule embrasé d'où est sorti le monde moderne. Le tableau des anciens états généraux, la peinture du rôle qu'y ont joué les juristes, vous retracera un côté de l'ancienne société française et appellera vos méditations sur un des sujets les plus intéressants, où puisse de nos jours s'arrêter l'esprit philosophique, je veux parler du moyen de concilier les libertés locales avec cette grande tradition de l'unité française à laquelle aucun ami de notre pays ne peut songer à renoncer.

Il me reste à remplir une tâche à la fois douloureuse et sacrée, en vous parlant des pertes qu'à faites le Barreau pendant l'année qui vient de s'écouler. Mais avant de vous entretenir des confrères que nous ne verrons plus, avant de retracer en quelques traits rapides les titres qu'ils avaient à notre estime et à notre affection, laissez-moi vous faire part d'une réflexion, qui s'est offerte à mon esprit, à mesure que j'invoquais successivement leur souvenir La mort a les mêmes enseignements que la vie. La mort confond tous les rangs. Elle frappe à toute heure et à tout âge. Elle arrête, au début de sa carrière le jeune homme, qui préludait par le travail au succès, objet de son ambition. Elle glace, au milieu de ses études interrompues, la main du vieillard, qui n'aurait eu besoin que de quelques jours de répit pour achever son œuvre.

Ceux-ci sont moissonnés au sein de la joie. Ceux-là échangent pour le repos de la tombe une vie troublée par la douleur. Nos regrets les accompagnent tous. Pour les uns, dont l'existence n'a point eu de retentissement, nous recherchons dans l'obscurité même de cette existence, les qualités morales ou les mérites modestes dont quelques amis seuls ont eu la confidence. Pour les autres, au contraire, qui ont paru sur un grand théâtre, nous sommes souvent frappés du néant de beaucoup de vanités humaines. Savez-vous, mes chers confrères, les enseignements qu'on puise dans ces révélations d'une tombe à peine fermée? c'est d'abord que le travail est la principale condition des succès durables, c'est ensuite que les hommes se distinguent surtout par leurs vertus et par le souvenir du bien qu'ils ont fait, c'est enfin que la meilleure part est encore pour ceux de nos confrères qui n'ont jamais abandonné le Barreau.

L'originalité de la physionomie grave son empreinte sur l'image que la mort nous laisse des amis perdus. Voyez comme notre imagination redresse sur leurs piédestaux les confrères qui nous ont quittés.

Coin-Delisle d'abord. Il me semble le voir marcher encore. Il me semble rencontrer encore son regard doux et vif, sous cette arcade sourcilière si nettement accusée, qui était le trait distinctif de sa bonne quoique un peu grondeuse figure. Il me semble le voir avec son air à la fois plus jeune et plus vieux que son âge. Nous nous rappelons cette apparence grave, qui lui avait fait prématurément une réputation d'autorité qu'il méritait. Nous nous rappelons cette affabilité juvénile qui lui avait valu une sympathie dont il était si digne. Coin-Delisle était surtout remarquable par son profond savoir et sa profonde sagacité comme jurisconsulte. Fils de ses œuvres, Coin-Delisle est un nouvel exemple, entre mille, de la possibilité qu'il y a toujours pour un homme de mérite et de courage de s'élever des rangs les plus obscurs de la société jusqu'à une situation éminente, dans le cercle de professions libérales. Il faut reconnaître du reste, à l'honneur de notre pays, qu'en France il en a toujours été ainsi, même sous l'ancien régime, en face de la plus fière aristocratie, et à plus forte raison depuis la Révolution française, qui a renversé toutes les barrières pouvant faire obstacle à cette marée montante de la démocratie. Coin-Delisle avait été ouvrier chapelier. Ce fut son goût pour la poésie qui devint l'occasion de sa fortune et lui ouvrit les portes de la science. Le principal du collège de Pont-Audemer, pour lequel il avait composé une pièce de vers à l'occasion de sa fête, le prit en amitié et l'admit au nombre de ses élèves. Pour un jeune homme aussi bien doué que l'était Coin-Delisle, la moindre initiation est la clef de tous les progrès. En peu de temps, il fut capable d'enseigner aux autres ce qu'on lui avait appris, et resta attaché comme professeur à l'institution qui lui avait donné l'hospitalité! C'est dans cette institution que, par une rencontre singulière, rappelée sur sa tombe par Mᵉ Malapert, il a eu parmi ses élèves un disciple, qui ne pouvait que lui faire honneur, Mᵉ Hébert. Tous deux aimaient à se rappeler à ce souvenir, et j'ai eu sous les yeux une lettre dans laquelle Mᵉ Hébert témoigne sa reconnaissance envers son ancien professeur, disant qu'il avait trouvé en lui la direction paternelle d'un maître attentivement affectueux et qu'il lui devait d'avoir compris de bonne heure la vertu du travail et les bienfaits de l'étude.

Les veilles laborieuses de Coin-Delisle avaient épuisé sa santé. Il revint à Paris où la force de sa constitution l'emporta sur la maladie. Il travailla pendant quelque temps dans une étude d'huissier, mais là n'était pas sa vocation. Il avait trente ans, lorsqu'il commença à suivre le cours de l'École de droit, où un professeur aimé, M. Grappe, lui fit apprécier la science, à laquelle il devait consacrer sa vie. Il concourut pour une chaire à la Faculté de Paris. Au nombre de ses concurrents se trouvaient MM. Bugnet et Marie. Ce fut M. Bugnet qui l'emporta. Être vaincu sur le terrain de la science juridique, par un tel adversaire, n'est un déshonneur pour personne, et nous devons nous applaudir d'une défaite, qui nous a conservé, pour l'activité militante du Barreau, et l'ami que nous pleurons et le maître illustre qui est parmi nous. Malgré une certaine lenteur de prononciation, Coin-Delisle aimait à plaider. Sa vaste science, l'autorité qui s'attachait à ses opinions, faisaient oublier aux juges l'hésitation de sa parole. L'impatience naturelle à notre caractère se calmait pour recueillir les raisons excellentes qui s'échappaient de ses lèvres, et il a souvent lutté avec succès contre les plus redoutables adversaires. La dernière partie de sa vie a principalement été consacrée à la rédaction de mémoires qui ont fait le fond de beaucoup de plaidoiries éclatantes, et qui sont restés comme des modèles. Je n'ai pas besoin de rappeler dans cette enceinte les nombreux écrits qu'il a composés seul ou en collaboration avec d'autres juristes. Citer la liste de ses collaborateurs, c'est rappeler bien des noms chers au palais. MM. Frederich, Million, Pont, Marcadé, Nicias Gaillard, Faustin Elie, Laferrière ont uni leurs savantes recherches aux siennes. L'œuvre capitale de Coin-Delisle est son *Commentaire* sur le titre *des Donations et Testaments ;* mais en dehors de ce travail, qui restera comme sa principale recommandation auprès du monde juridique savant, tous ses autres écrits attestent une grande originalité et une remarquable puissance d'investigations.

La mort l'a surpris en quelque sorte à sa table de travail, dans la plénitude de ses facultés, et il laisse parmi ses anciens confrères du Barreau et du conseil, dont il a fait partie pendant plusieurs années, des regrets profonds et mérités.

Élie Dufaure, qui nous a été enlevé prématurément, avant d'avoir recueilli tous les fruits qu'il avait le droit d'attendre de ses courageux efforts, ne devait également sa position qu'à lui-même. Il a succombé à une maladie, résultat de l'excès de travail, et il est mort comme le soldat sur la brèche, victime de son dévoûment à une profession qu'il aimait et à laquelle il avait tout sacrifié. Des voix amies ont pu proclamer justement sur sa tombe, que sa vie avait toujours été honorable et pouvait être présentée comme un exemple de persévérance et de courage. Il avait gravi lentement les échelons des supériorités sociales. Fils d'un cultivateur, qui avait cinq enfants et un petit domaine, il était destiné à vivre et à mourir près du champ paternel. Mais une vocation irrésistible l'attirait vers l'étude du droit et vers la profession d'avocat. Un curé de village lui avait donné ses premières leçons, et il avait complété son instruction, bagage encore bien léger, dans le modeste enseignement d'un petit séminaire. Sa volonté a fait le reste. La bourse garnie d'un pécule d'étudiant, il partit pour Paris. Le hasard lui fit rencontrer un protecteur dans son voisin de diligence. On causait, tout en cheminant. Le compagnon de route d'Élie Dufaure, frappé de sa physionomie juvénile et résolue, l'interroge sur ses projets. Élie Dufaure lui fait part de son embarras pour trouver à vivre et à payer les frais de ses examens. « Je suis maître de pension, lui dit son interlocuteur. Voulez-vous être maître d'étude? Je vous offre une place. » La proposition est acceptée. Élie Dufaure avait trouvé la clef de son avenir. Le problème de sa vie était résolu. Sa persévérance triompha de toutes les difficultés. Nous l'avons vu à l'œuvre et nous savons comment il a conquis à force de travail ce que d'autres doivent aux heureuses inspirations d'un naturel privilégié. Il était aisé de reconnaître dans son opiniâtreté les effets de cette influence fortifiante que le contact de la terre exerce sur les hommes qui ont eu le bonheur, dans leur enfance, de vivre à la campagne. Il traçait son sillon lentement mais sûrement. Déjà il avait obtenu quelque récompense de son rude labeur, et, dans son affection filiale, il songeait à faire profiter ses parents de l'aisance qu'il avait gagnée! Il avait préparé sa retraite près d'eux dans un petit domaine, objet de son amour. Il avait aussi marqué sa place au cimetière de son village. La tombe seule lui a été fidèle.

Il y a plus d'un trait commun entre la destinée d'Élie Dufaure et celle de de Chezelles. Notre confrère de Chezelles a, lui aussi, fait un stage laborieux avant d'entrer dans la profession. Lui aussi a demandé à la carrière de l'enseignement et du professorat ces ressources provisoires qui permettent d'attendre. Quand il a succombé à la maladie, qui est venue le surprendre, il avait depuis quelques années contracté une union qui assurait son bonheur et la fortune commençait à lui sourire. Je le connaissais depuis longtemps, et l'année dernière le rencontrant à Vichy il me faisait part de ses projets d'avenir et de bonheur. Illusion de l'espérance! Je me doutais peu qu'un coup inattendu viendrait l'atteindre, et que la pénible tâche de rendre à sa mémoire un juste tribut d'hommages me serait dévolue.

Bérard Desglageux avait quitté depuis longtemps la vie active du palais. Vivant dans la retraite, au milieu de sa famille et de ses amis avec le calme et la sérénité d'un sage, il utilisait ses loisirs et la maturité d'un esprit distingué en donnant des consultations. Il a, pendant plusieurs années, prodigué aux travaux de l'assistance judiciaire le tribut de ses lumières et de son dévoûment. La modestie volontaire de sa vie ne doit pas nous empêcher de rappeler qu'il avait en 1830 donné un exemple trop rare dans tous les temps, plus rare encore de nos jours, en témoignant de sa fidélité à ses principes par le sacrifice d'une position enviée dans la magistrature, et de toutes les légitimes ambitions que cette position comportait.

Royer-Collard, que nous avons conduit l'année dernière à sa dernière demeure, au milieu d'un grand nombre de professeurs, d'avocats et d'hommes du monde, que la sympathie qu'il inspirait avait réunis autour de sa tombe, était entré dans la vie, sous les plus heureux auspices. Il portait un de ces noms qui sont un honneur pour une famille et une gloire pour un pays. Pour profiter de ces avantages, il avait reçu lui-même de la nature le don précieux de l'intelligence la plus ouverte et la plus vive, et cette aménité, cet entrain de caractère qui contribuent partout au succès. Il appartenait à la classe de ces esprits heureux qui savent rendre la science attrayante. Avocat et professeur à l'École de droit, dont il a été doyen de 1845 à 1847, il représentait une alliance toujours utile, celle de la théorie et de la pratique. En rappelant qu'il avait pour amis tous ses anciens élèves, je n'exprime pas seulement un sentiment collectif, j'acquitte une dette personnelle de reconnaissance, bien sûr de n'être démenti par aucun de ceux qui ont pu apprécier comme moi sa bienveillance, et la persévérance amicale avec laquelle il a toute sa vie encouragé dans le monde ceux dont il avait contribué à diriger les premiers pas. Aussi nous sommes-nous associés au deuil de sa famille, en reportant sur ses fils, l'affection que nous avions pour le père.

Le nom que je vais prononcer maintenant nous rappelle une perte bien cruelle. La nature avait été prodigue de ses dons envers Théodore Bac. Elle lui avait donné de belles facultés d'intelligence, le plus agréable organe, une figure sympathique, un de ces regards qui vous suivent en vous pénétrant, quelque chose de grave avec un air de commandement mélangé de réflexion et de douceur, et ce charme de la familiarité et de la grâce qui se sent plus facilement qu'il ne se définit. Bac était tellement fait pour le Barreau que, dès qu'il y parut, il y obtint tout de suite les plus grands succès. J'ai encore présents à l'esprit les termes enthousiastes avec lesquels un magistrat du Midi, qui avait assisté à ses débuts, me parlait de l'impression qu'il avait produite. Jeune encore, il a plaidé dans de grandes causes dont le souvenir est dans la mémoire de tous. Plus tard la politique l'a pris sur ses ailes de feu et l'a emporté loin du Barreau. Quand, à la suite des orages qu'il avait traversés, il est venu redemander un asile et des consolations à cette profession qu'on est toujours sûr de retrouver, nous avons ouvert nos rangs pour accueillir ce confrère, étranger jusqu'alors au Barreau de Paris, qui nous arrivait escorté de si brillants souvenirs. Nous avons reconnu en lui toutes les qualités nécessaires pour justifier la réputation qu'il s'était acquise, mais enveloppées dans une sorte de demi-jour qui attestait comme la résignation d'une puissance qui ne veut plus se donner tout entière. Nous aimions Théodore Bac, parce qu'il était bon, nous l'aimions parce qu'il souffrait. Aucun de nous n'oubliera cette figure pensive et courbée qui se glissait parmi nous, ainsi qu'une ombre attristée. Théodore Bac est allé rejoindre son fils qu'il avait perdu peu de temps avant de descendre au tombeau. Il ne vivait en quelque sorte plus depuis qu'il avait éprouvé cette douleur, et on peut dire qu'il est mort deux fois.

Il appartenait à une génération d'hommes à vues sincères et élevées, qui avaient placé leur idéal trop loin et trop haut pour le voir réaliser de leur vivant. S'il a manqué à cette génération, la grandeur de l'épreuve et l'émotion de la responsabilité pratique, la grandeur du sacrifice ne lui ont certainement pas manqué ! En face du succès d'opinions contraires à la sienne, Théodore Bac a gardé avec fierté son attitude de vaincu, il a supporté avec résignation la perte de ses illusions et l'ajournement de ses espérances.

Le malheur avait également frappé notre confrère Darragon. Cette nature aimable, élégante, distinguée, ne semblait pas cependant réservée aux épreuves de l'adversité. Je le vois encore, quand il est arrivé au Palais, jeune, plein de force, ses grands cheveux noirs encadrant sa figure expressive. Il n'a pas tardé à avoir un emploi assez considérable, mais surtout dans de petites affaires de police correctionnelle. Par la manière dont il les plaidait, il a mérité l'éloge que j'ai souvent entendu faire de lui, c'est que son talent était supérieur à ses causes, que toutes les fois que le niveau s'en élevait, il paraissait retrouver son véritable élément. Ses rapports avec ses confrères étaient les meilleurs, les plus empreints d'un caractère cordial, et jamais aucun de nous n'a eu l'ombre d'un reproche à lui adresser. Aussi tout le Palais a-t-il pris une part sympathique à ses douleurs, à celles du moins qu'on a sues ou devinées. Vous vous le rappelez encore, dans les derniers mois de sa vie, traversant d'un pas mélancolique les couloirs où nous le rencontrions. Le malheur s'était abattu sur cette jeune tête. Il avait perdu des enfants; des sinistres avaient éclaté autour de lui. Il est sorti de l'épreuve pur mais brisé. Les médecins qui se sentaient impuissants lui ont dit comme à tant d'autres : « Allez dans le midi, peut-être le doux soleil qui dore les cimes des Pyrénées vous rendra-t-il la santé. » Vaine espérance ! Darragon a trouvé dans nos confrères de Pau des amis qui, nous suppléant, ont adouci ses derniers instants. Puis un jour il nous est revenu inopinément,

mais cloué dans un cercueil, que nous avons accompagné au cimetière Montparnasse, et qui, par un reste de fatalité attachée à son
existence, s'est trouvé trop grand pour le caveau qui lui était
préparé.

Notre vie du Palais est si dévorante, que quand un confrère,
arrivé au terme de son labeur, va demander aux champs ou à la
retraite le repos des derniers jours, ne le rencontrant plus dans la
salle des Pas-Perdus, nous perdons sa trace, sans perdre son souvenir, puis un jour nous apprenons, pour employer l'euphémisme
de l'antiquité, qu'il a vécu. La plupart des avocats d'aujourd'hui
n'ont pas connu Scellier, nos anciens seuls retrouverout son image
dans leur mémoire. Il est mort au mois d'août dernier, après
avoir figuré quarante-deux ans sur notre tableau. Scellier avait
de l'entrain, de la rondeur, une grande expérience des affaires
correctionnelles. C'était un confrère obligeant, et nous lui devons
un bon souvenir.

J'en dirai autant de notre confrère Rossignol. Rossignol ne
brillait pas aux premiers rangs, mais il aimait nctre profession,
et notre profession est une bonne mère : elle ne déshérite aucun
de ses enfants. Rossignol a disparu du Palais. Des mois se sont
écoulés. Il a disparu de la vie. Une main amie m'a écrit quelques
lignes pour m'annoncer sa mort, dont la nouvelle n'était pas encore parvenue à notre secrétariat.

La mort, qui frappe les anciens, n'épargne pas les plus jeunes.
En voici encore trois, que leur âge semblait mettre à l'abri de ses
rigueurs, et qui ont été emportés à peu d'intervalle par un mal
impitoyable : Charey, Legros, Emmanuel Durand ! Ils étaient
laborieux et intelligents. Le succès aurait récompensé leurs
efforts. La même fatalité nous les enlève. Qu'un même regret les
suive et les accompagne.

J'ai terminé, mes chers confrères, la liste de nos morts pendant
l'année qui vient de finir. Cependant, il manque encore un nom
à cette nécrologie. Ce nom, vous me le rappelleriez, si je l'ou-
bliais. Ce nom fut un des noms les plus célèbres et les plus
retentissants du Palais. Vainement la politique voudrait mettre

un sceau sur mes lèvres, en me disant : ne me parlez pas de celui-là, je le réclame, il m'appartient. — La politique altère et corrompt bien des choses, mais elle ne saurait prescrire contre des souvenirs professionnels qui font partie de notre patrimoine. Je ne vous parlerai pas de M. Dupin comme magistrat. C'est dans une autre enceinte seulement qu'on a le difficile devoir de faire la biographie des hommes qui ont revêtu et gardé la toge à travers les péripéties de temps aussi tourmentés que les nôtres. Je vous parlerai de M. Dupin comme avocat. M. Dupin sous la robe nous appartient. Celui dont on a pu dire avec raison que sa robe fut une robe triomphale, ne peut être descendu dans la tombe sans qu'à cette place où il s'est assis comme bâtonnier, je ne vous rappelle que M. Dupin fut pendant longtemps acclamé dans le Palais comme un jurisconsulte éminent, comme un homme d'affaires consommé, et comme un des premiers avocats du Barreau. Quand ma génération est entrée au Palais, plusieurs années après la révolution de 1830, le monde judiciaire était plein de son souvenir, que rajeunissait l'éclatante renommée de son frère, Philippe Dupin. S'il se fût présenté alors pour ses confrères une occasion de témoigner de la sympathie et de l'admiration qu'ils avaient pour sa prodigieuse activité et pour ses rares talents, aucun suffrage ne lui aurait manqué. Sa popularité était égale au bruit qui se faisait autour de son nom. Alors, mes chers confrères, une voix plus autorisée que la mienne aurait dit quel rôle avait joué M. Dupin, quelles ressources, quelles facultés il avait développées pendant ces belles années du libéralisme sous le gouvernement de la Restauration. Le siècle était jeune alors ! le siècle était plein de vastes aspirations, de nobles élans ; il n'avait perdu aucune illusion, il n'avait point commis les fautes qui compromettent le succès, ni connu les heures de trouble et de défaillance, présages des grands enfantements. Car l'idée immortelle survit toujours aux tiraillements qui marquent les étapes par elle parcourues. A cette époque, on n'aurait fait que rendre justice à M. Dupin, en rappelant qu'il n'avait pas été seulement un avocat de premier ordre, mais, ce qui vaut mieux encore, un avocat courageux, toujours prêt à prendre la défense des faibles et des opprimés. A quoi bon citer ici des noms ? à quoi bon rappeler des procès ? Les luttes passionnées de cette période de nos annales ont eu trop de retentissement pour ne pas être restées dans toutes les mémoires. Il ne se serait point agi d'une biographie ordinaire, mais d'une biographie mêlée, dans des proportions inconnues de nos jours, à tous les drames judi-ciaires d'une époque.

Ce temps n'est plus. La fortune de M. Dupin a permis qu'il survécût à cette première phase de sa renommée. Il est entré sur le terrain de la politique, où nous ne le suivrons pas, et il est devenu, comme tous les personnages qui ont joué un rôle, justiciable de l'histoire.

L'histoire a la mesure exacte des choses, elle a ses appréciations et ses sévérités! L'histoire qui retourne souvent les feuillets des pages qu'elle a écrites, et qui prend les proscrits de la veille pour en faire les vainqueurs du lendemain, se réserve au milieu des entassements des choses qu'elle amoncelle, de juger les acteurs qu'elle emploie, elle a pour cela ses Capitoles et ses roches Tarpéiennes. Son livre n'est pas ouvert devant nous à toutes ses pages. Nous ne l'interrogeons qu'à une seule page et à une seule ligne. Mettant le sinet à cet endroit déterminé, ce que nous avons le droit et le devoir de dire, c'est que M. Dupin restera, comme avocat, avec ses saillies, la nature particulière de son érudition, son système de notes demeurées classiques au Palais, sa science, son esprit, ses citations, ses vivacités anticléricales et sa verve gauloise, un type d'une originalité assez puissante, pour qu'on en garde l'empreinte ; car assurément elle ne se retrouvera plus, à travers le changement d'habitudes, d'idées et de mœurs que le temps amène avec lui.

J'ai payé, mes chers confrères, notre dette envers la mort, et maintenant je me retourne vers vous qui êtes la plus souriante expression de la vie, puisque vous êtes la jeunesse. Laissez-moi cependant retenir encore quelques instants vos esprits sur ces souvenirs d'outre tombe, pour y puiser une dernière leçon.

L'homme n'accepte pas la mort. Il y a quelque chose en nous de persévérant et d'indomptable qui proteste contre l'anéantissement, et qui s'acharne au souvenir. Ce sentiment ne serait-il qu'une déception ? Est-il au contraire une espérance? Je sais qu'aux yeux d'une philosophie, qui se proclame à tort nouvelle, puisqu'on en retrouve partout la trace, je sais qu'aux yeux de cette philosophie, le souvenir qui reste des morts dans la mémoire des vivants est la seule réalité qui survive à l'existence des diverses générations. Doctrine désolante qui ferait de la gloire même, le tombeau de nos plus chères espérances. Cette doctrine, je suis sûr que vous ne l'acceptez pas, et que pour vous comme pour moi, la gloire est le reflet de l'immortalité.

Permettez-moi, en terminant cette allocution, de faire un retour sur moi-même et sur le temps que nous allons passer ensemble. Cette année, la première de votre stage, est la dernière de mon bâtonnat, ce rêve réalisé de toute ma vie. Cette tâche qui m'effrayait tant au début, m'a fourni des devoirs faciles, comme si elle avait voulu se proportionner à mes forces. Je redescends la pente que j'ai montée. Quelques mois encore, et j'aurai un successeur dans cette magistrature égalitaire, dont l'indulgente affection du Barreau m'a rendu l'exercice si aisé. Un des souvenirs les plus doux que j'emporterai de mes fonctions, c'est celui de mes relations avec la jeunesse. On sent renouveler ses forces et son ardeur au contact de toutes ces aspirations, prêtes à s'élancer dans la vie. L'an dernier, j'ai éprouvé cette joie avec vos devanciers, je l'éprouverai cette année avec vous. Ainsi s'allongent les anneaux de la chaîne, que nous ont léguée les générations passées, que nous léguerons aux générations à venir. Comptez sur mon zèle et sur mon dévoûment, comme je compte moi-même sur votre ardeur et sur votre affection. Ce sera la récompense et l'honneur de ma vie d'avoir dirigé vos premiers pas dans cette carrière que vous saurez maintenir à la hauteur où l'ont élevée ces grandes traditions qui sont la gloire de notre Ordre.

PARIS. — IMP. DE V. GOUPY, RUE GARANCIÈRE, 5.